돼지학교에 오신 것을
환영합니다!

백명식 글·그림

강화에서 태어나 서양화를 전공했습니다. 출판사 편집장을 지냈으며, 다양한 분야의 책과 사보, 잡지 등에 그림을 그리고 있습니다. 특히 어린이들이 좋아하는 책을 쓰고 그릴 때 가장 행복하다고 합니다. 그린 책으로는 《WHAT 왓? 자연과학편》《책 읽는 도깨비》《자연을 먹어요 시리즈》 등이 있으며, 쓰고 그린 책으로는 《인체과학 그림책 시리즈》《맛깔나는 책 시리즈》《저학년 스팀 스쿨 시리즈》 등이 있습니다. 소년한국일보 우수도서 일러스트상, 중앙광고대상, 서울일러스트상을 받았습니다.

곽영직 감수

서울대학교 물리학과와 미국 켄터키대학교 대학원에서 공부했습니다. 저서로는 《곽영직의 과학캠프》《교양 과학 고전》 등이 있고, 어린이를 위한 과학 그림책인 《더더더 작게 쪼개면 원자!》《데굴데굴 공을 밀어 봐》 등이 있습니다. 《빅뱅》《신성한 기하학》 등을 우리말로 옮겼고, 《니코의 양자 세계 어드벤처》《어린이 과학 형사대 CSI》《공기를 타고 달리는 소리》 등 많은 책을 감수했습니다. 현재 수원대학교 물리학과 교수로 재직하고 있습니다.

물속에 빠진 돼지

백명식 글·그림 | 곽영직 감수

초판 인쇄일 2013년 9월 10일 | **초판 발행일** 2013년 9월 17일
펴낸이 조기룡 | **펴낸곳** 내인생의책 | **등록번호** 제10호-2315호
주소 서울시 마포구 망원동 385-39 삼운빌딩 3층
전화 (02)335-0449, 335-0445(편집) | **팩스** (02)6499-1165
전자우편 bookinmylife@naver.com | **홈카페** http://cafe.naver.com/thebookinmylife
주간 한소원 | **편집장** 이은아 | **책임편집** 이다겸 | **편집** 신인수 이인영 조일현 진송이
디자인 한은경 심재원 | **마케팅** 김상석 | **경영지원** 김지연

ISBN 978-89-97980-61-1 74080
ISBN 978-89-97980-45-1 (세트)

ⓒ 백명식, 2013

책값은 뒤표지에 있습니다.
잘못된 책은 구입처에서 바꾸어 드립니다.

이 도서의 국립중앙도서관 출판시도서목록(CIP)은 e-CIP홈페이지(http://www.nl.go.kr/ecip)와
국가자료공동목록시스템(http://www.nl.go.kr/kolisnet)에서 이용하실 수 있습니다. (CIP제어번호: 2013016498)

돼지 학교 과학 3

물 속에 빠진 돼지

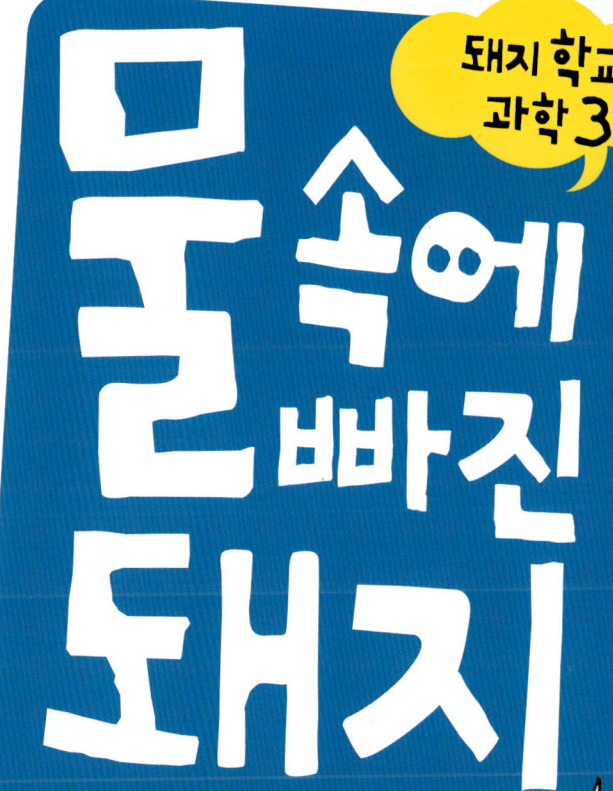

백명식 글·그림 | 곽영직 감수

내인생의책

큰일 났어. 물이 부족하대.
한 달째 비가 오지 않아서 학교에서도 텔레비전에서도 난리야.
'쳇, 알게 뭐야. 우리 집은 문제없는걸.'
도니는 아랑곳하지 않고 수도꼭지를 끝까지 틀었어.
물이 콸콸콸 넘쳐흘렀어.
그때 갑자기 수도관에서 끼이익 하고 이상한 소리가 났어.
그러더니 물이 뚝 끊겼어.

"도니야, 뭐하니?"

'어이구, 헹구지도 못했는데…….'
도니는 비누 거품이 잔뜩 묻은 얼굴을 찡그리며 울상이 되었어.
"물! 물이 어디 있지?"
도니는 쏜살같이 부엌으로 가서 냉장고에서 물병과 얼음을
꺼내 왔어. 도니는 먼저 물병에 담긴 물로 눈을 대충 씻었어.
"어유, 눈 따가워 죽는 줄 알았네."
이제 머리를 헹굴 차례인데 문제가 생겼어!
물병에 물이 한 방울도 안 남았지 뭐야.
도니는 얼음을 들고 다시 부엌으로 갔어.
그러고는 냄비에 얼음을 부었지. 얼음을 녹이려고 말이야.

"엥?"
"이런, 물이 없네."
"할 수 없다. 얼음이라도 녹여 쓸 수밖에."

물은 어떻게 변할까?

물 분자는 수소 원자 두 개와 산소 원자 한 개로 이루어져 있어요.
물은 액체, 기체, 고체 상태로 변할 수 있는 변신의 천재랍니다.
액체 상태인 물이 꽁꽁 얼면 고체 상태인 얼음이 되지요.
물론 수증기는 기체 상태라는 것쯤은 다 알고 있겠지요?
이렇게 물을 세 가지 형태로 변신시키는 것이 바로 열이에요.
물은 0도에서 얼기 시작하고, 100도가 되면 펄펄 끓어서
기체인 수증기가 되어 여기저기로 흩어져요.

얼음이 녹자 물이 한 사발 정도 생겼어.
적은 양이라 도니는 아껴서 머리에 묻은 비눗물을 조금씩 씻어 냈어.
살짝살짝 아주 조금씩…….
드디어 거울 속에는 맑게 갠 하늘처럼 깨끗하고 뽀얀 도니 얼굴이 비쳤어.
'흠, 역시 잘생겼군.'
도니는 친구들이 모여 있는 피그 박사님 연구실로 출발했어.

"어서 와."

"박사님, 저 왔어요. 애들아, 안녕?"
박사님과 꾸리 그리고 데이지가 반갑게 맞아 주었어.
박사님은 커피를 마시려고 물을 끓이고 계셨어.
커피포트에서는 김이 나오고 있었지.
김은 수증기가 공기 중에 식어서
작은 물방울로 변한 것을 말해.

꿀꿀 더 알아보기

수증기는 왜 생길까?

김은 물 분자가 모인 물방울이어서 우리 눈에 보이지만,
수증기는 물 분자들이 흩어져 있기 때문에 공기처럼
우리 눈에 보이지 않아요. 물 분자에 열을 가하면 분자들의
운동이 빨라지면서 자유롭게 움직일 수 있어요.
그래서 온도가 올라가면 올라갈수록 물 분자들이 빨리 움직여요.
그러다 결국 물 분자들이 따로 떨어져 자유롭게 돌아다니게 돼요.
이것이 바로 수증기예요.

박사님이 축소기에 달린 광선총을 쏘자 연필호가 점점 작아지기 시작했어.
마침내 아주 작은 물방울 속으로 들어갈 만큼 작아졌지.
연필호가 두둥실 공중으로 떠올랐어. 우리는 수증기 속으로 들어가
이리저리 떠돌아다녔지. 밤이 되자 수증기가 굵은 이슬이 되어
약수터로 떨어졌어. 날이 밝자 운동을 하던
구들이 아저씨가 약수터로 다가왔어.
"앗! 우리가 눈에 안 보이나 봐요.
구들이 아저씨가 우리를 마시려고 해요."
구들이 아저씨는 물병에 우리를 담아,
아니 연필호를 담아 벌컥벌컥 마시기 시작했어.

우리 몸은 70퍼센트가 물로 되어 있어.

출렁출렁

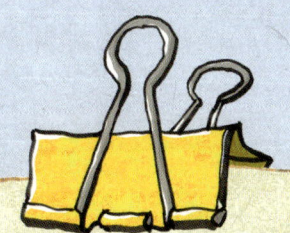

꿀꿀 더 알아보기

우리 몸에는 물이 얼마나 있을까?

우리 몸속에는 물이 많이 있어요. 우리가 걸어 다니면 출렁거릴 정도로 많아요.
우리 몸의 약 70퍼센트가 물이거든요. 그렇다고 걸어 다닐 때 진짜로 출렁거리면 곤란하겠지요?
이 많은 물 중에 0.5리터는 땀으로 나가고 1.4리터 정도는 오줌이나 기타 배설물로
우리 몸에서 빠져나가요. 또 아주 적은 양이지만 0.5리터 정도는 숨을 쉴 때
수증기로 빠져나간다고 해요.

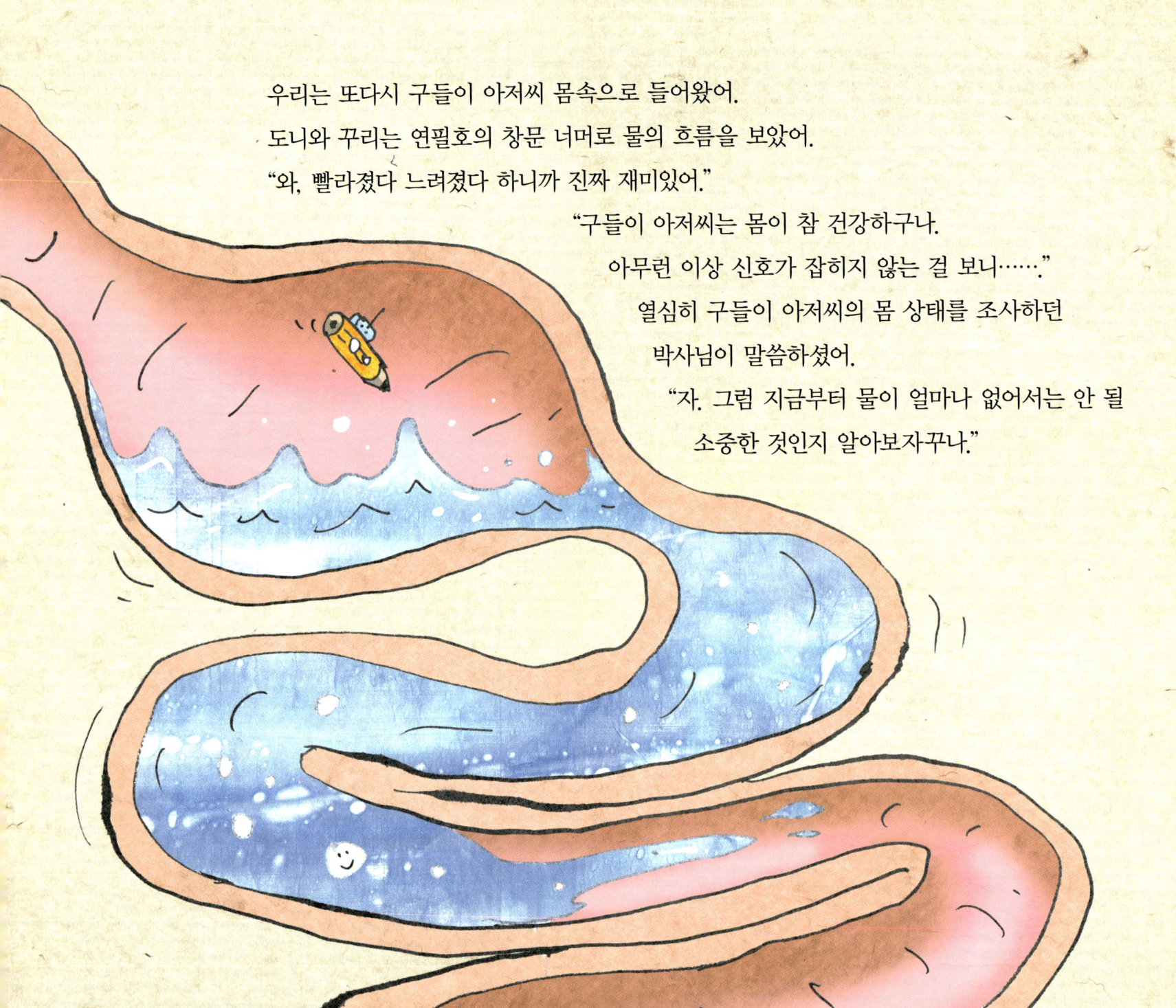

우리는 또다시 구들이 아저씨 몸속으로 들어왔어.
도니와 꾸리는 연필호의 창문 너머로 물의 흐름을 보았어.
"와, 빨라졌다 느려졌다 하니까 진짜 재미있어."
"구들이 아저씨는 몸이 참 건강하구나.
아무런 이상 신호가 잡히지 않는 걸 보니……"
열심히 구들이 아저씨의 몸 상태를 조사하던
박사님이 말씀하셨어.
"자. 그럼 지금부터 물이 얼마나 없어서는 안 될
소중한 것인지 알아보자꾸나."

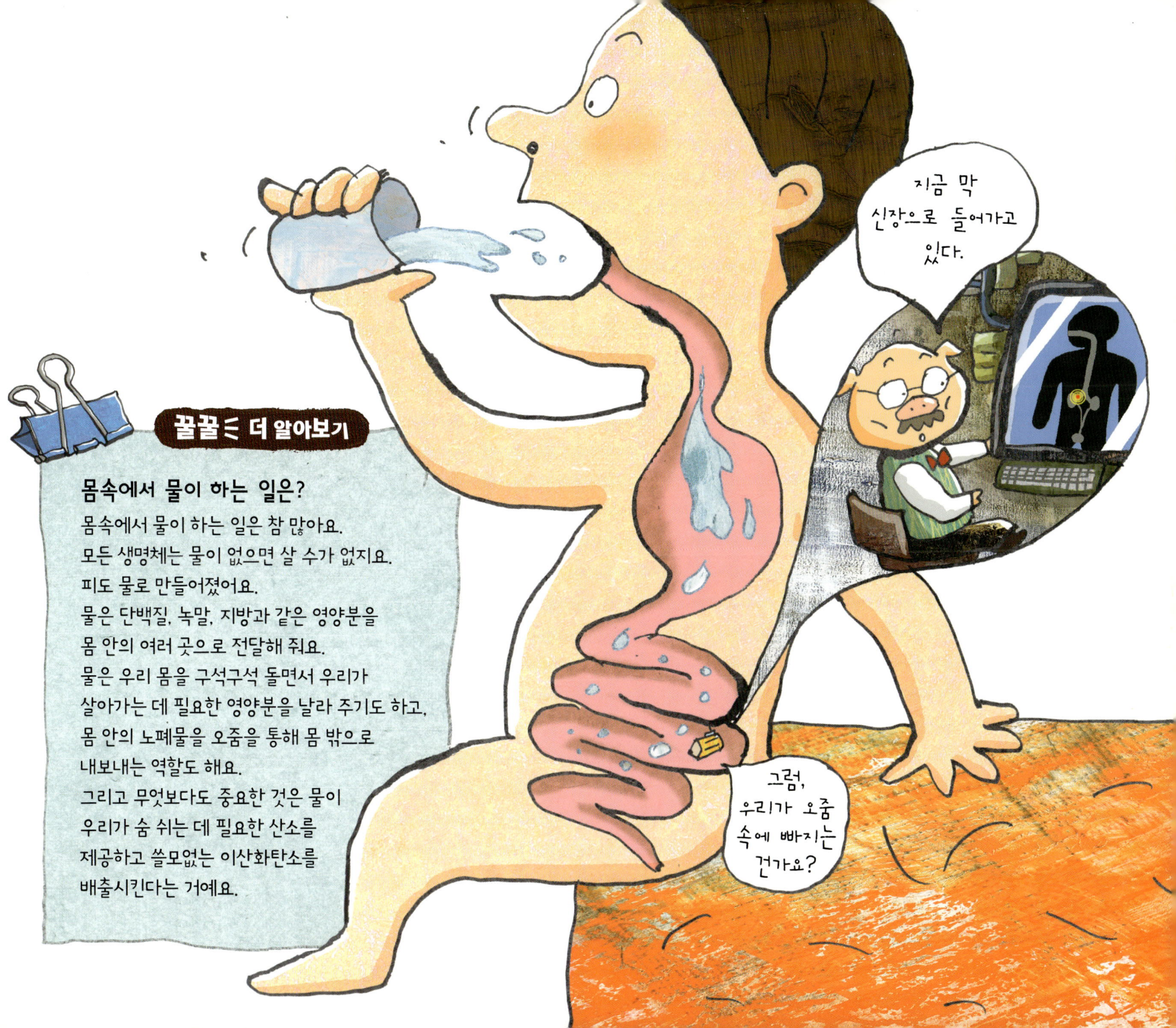

꿀꿀ミ 더 알아보기

몸속에서 물이 하는 일은?

몸속에서 물이 하는 일은 참 많아요.
모든 생명체는 물이 없으면 살 수가 없지요.
피도 물로 만들어졌어요.
물은 단백질, 녹말, 지방과 같은 영양분을
몸 안의 여러 곳으로 전달해 줘요.
물은 우리 몸을 구석구석 돌면서 우리가
살아가는 데 필요한 영양분을 날라 주기도 하고,
몸 안의 노폐물을 오줌을 통해 몸 밖으로
내보내는 역할도 해요.
그리고 무엇보다도 중요한 것은 물이
우리가 숨 쉬는 데 필요한 산소를
제공하고 쓸모없는 이산화탄소를
배출시킨다는 거예요.

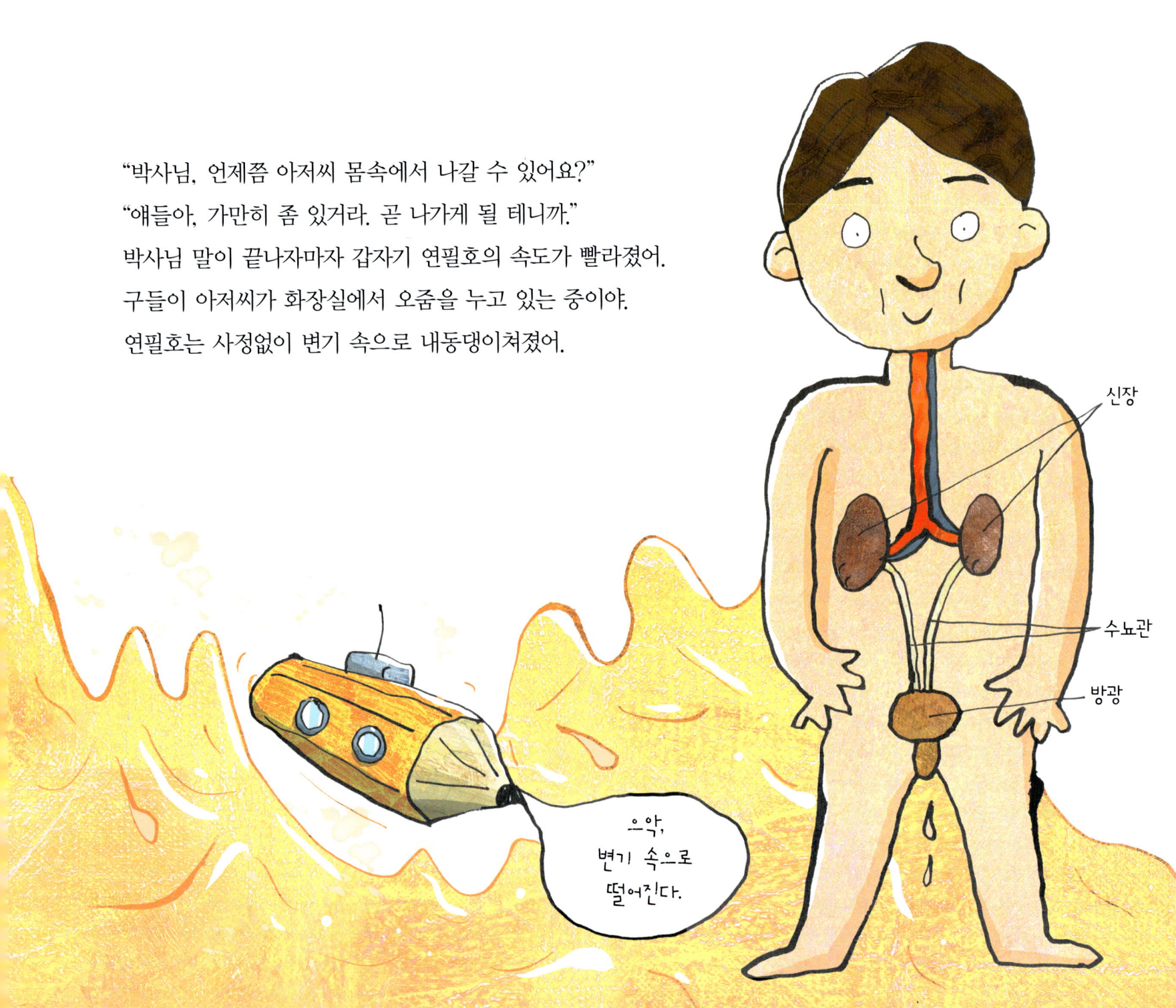

"박사님, 언제쯤 아저씨 몸속에서 나갈 수 있어요?"
"얘들아, 가만히 좀 있거라. 곧 나가게 될 테니까."
박사님 말이 끝나자마자 갑자기 연필호의 속도가 빨라졌어.
구들이 아저씨가 화장실에서 오줌을 누고 있는 중이야.
연필호는 사정없이 변기 속으로 내동댕이쳐졌어.

으악, 변기 속으로 떨어진다.

신장
수뇨관
방광

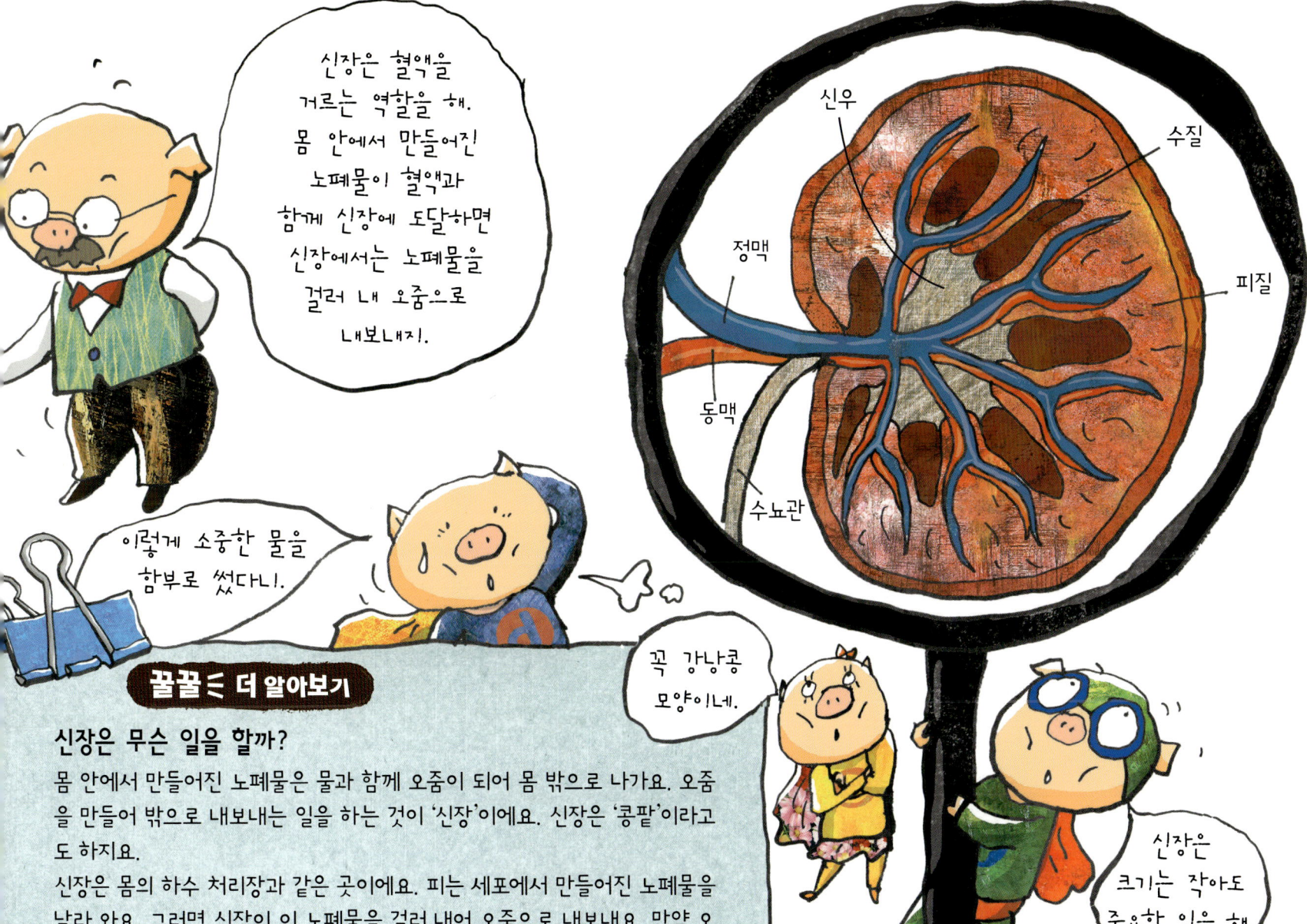

꿀꿀 더 알아보기

신장은 무슨 일을 할까?

몸 안에서 만들어진 노폐물은 물과 함께 오줌이 되어 몸 밖으로 나가요. 오줌을 만들어 밖으로 내보내는 일을 하는 것이 '신장'이에요. 신장은 '콩팥'이라고도 하지요.

신장은 몸의 하수 처리장과 같은 곳이에요. 피는 세포에서 만들어진 노폐물을 날라 와요. 그러면 신장이 이 노폐물을 걸러 내어 오줌으로 내보내요. 만약 오줌을 누지 않는다면 어떻게 될까요? 쓰레기를 밖에 버리지 않고 집 안에 쌓아 두는 것과 같아요. 그럼 우리 몸은 노폐물 때문에 병에 걸릴 수도 있지요.

"박사님, 이제 우린 어디로 가는 거예요?"
"각오들 해라. 지금부터는 좀 지저분한 곳으로 이동한다.
모두들 정신 바짝 차리고 꽉 잡아라."
연필호는 오줌을 따라 변기를 거쳐 정화조로 순식간에 빨려 들어갔어.
그러고는 정화조에서 하수관을 따라 하수 처리장까지 가게 됐어.
거기선 참을 수 없을 만큼 고약한 냄새가 났지. 오물을 처리하는 곳이라 그런가 봐.
잠시 후 연필호는 이곳저곳을 거쳐 다시 깨끗한 물에 있게 되었어.
오줌이 깨끗한 물이 된 거야.
연필호는 땅 밑에서 긴 관을 거쳐 빠르게 흘러갔어.

오수는 오수관을 통해 하수 처리장으로 흘러가.

"구름이 물방울이라니……."
우리는 연필호가 구름 속에 갇혔다는 것을 알았어.
구름이 하늘 높이 올라갈수록 점점 추워졌고,
물방울들은 구름 속 얼음 알갱이와 뭉쳐져 점점 커졌어.
연필호도 얼음 알갱이랑 뭉쳐졌지.
그러다가 갑자기 연필호가 아래로 떨어지기 시작했어.
번개와 천둥소리와 함께 말이야.
번쩍.
우르르 쾅쾅.

"내려간다. 모두들 꽉 잡아라."
드디어 연필호가 땅으로 툭 떨어졌어.
모두 안도의 한숨을 내쉬었지.
하지만 기쁨도 잠시.
빗물 속에 갇힌 연필호가
땅속으로 스며들고 있지 뭐야!

으악, 밑으로 떨어지고 있어.

물을 모으는 곳이야. 물의 양을 조절해.

취수장 착수정

정수 처리장

"박사님 어떡해요? 이러다가 지하수가 되어 땅속에 갇히고 말겠어요!"

박사님은 연필호가 땅속으로 스며들지 않게 하려고 필사적으로 조종간을 잡고 있었어.

박사님 이마에는 송송 땀이 맺혔어. 다행히 연필호는 방향을 바꿔 마실 물을 만드는 정수 처리장으로 흘러갔어. 정수 처리장 여행이 시작된 거야.

정수 처리가 끝난 물은 정수지에서 상수도를 지나 수도관으로 가게 돼.

지하수는 어떤 물일까?

물은 비나 눈이 온 뒤에 땅 위를 흐르기도 하고 땅속에 스며들기도 해요. 강처럼 땅 위를 흐르거나 호수처럼 고여 있는 물을 '지표수'라고 하고 우물 속의 물처럼 땅속에 있는 물을 '지하수'라고 해요. 지하수는 강과 호수처럼 염분이 없는 민물의 30퍼센트 정도를 차지해요. 불과 몇십 년 전만 해도 사람들은 땅을 파 지하수를 얻었어요. 그리고 이 물을 끓이지 않고 그냥 먹었지요. 그만큼 깨끗했어요. 지하수는 강이나 빙하 같은 지표수보다 훨씬 깨끗해요. 땅으로 스며들어 진흙이나 암석을 통과하면서 지저분한 것들이 걸러졌기 때문이지요.

꿀꿀~ 더 알아보기

수도는 언제부터 생겼을까?

오늘날과 같은 수도 시설을 최초로 갖춘 곳은 기원전 4세기 무렵의 로마였어요. 목욕을 좋아했던 로마 사람들이 처음으로 생각해 냈던 거지요. 최초로 만들어진 수도의 이름은 만든 사람의 이름을 따서 지은 '아피아 수도'예요. 우리나라에 수도 시설이 처음 들어선 것은 1903년이에요. 고종 황제가 뚝섬에 정수장을 건설하게 했어요. 서울에는 1908년부터 수돗물이 공급되기 시작했고요.

구들이 아저씨가 수도꼭지를 틀자
연필호가 툭 튀어나와 원래 크기로 돌아왔어.
박사님이 서둘러 연필호를 다시 제 모습으로 변하게 한 거였어.
"어찌 된 일이에요? 어떻게 수도꼭지에서 나타나죠?"
"말도 마세요. 하마터면 구름을 타고 하늘나라로 올라갈 뻔했어요."
"뭐라고?"
아저씨는 어리둥절해서 눈이 동그래졌어.
돼지 삼총사는 제자리로 돌아와 기뻐 어쩔 줄 몰랐지.

"물은 지구에 어떻게 생겨났어요?"
한숨 돌린 꾸리가 박사님께 물었어.
"음, 그러니까…… 태초에……."
갑작스런 꾸리의 물음에 박사님이 머뭇거리셨어.
"인간이 태어나기 훨씬 전에요?"
"그렇지. 지구가 처음 생겨날 무렵에 말이다…… 흠……."
박사님이 헛기침을 자꾸 하시는 걸 보니 정확히 모르시는 눈치였어.
우리는 귀찮지만 자료를 찾아보기로 했지.

그나저나 나무 지킴이 구들이 아저씨 표정이 아까부터 심각해.
가뭄이 심해서 수목원 나무들이 죽어 가고 있기 때문이야.
도니는 아침에 봤던 텔레비전 뉴스가 떠올랐어.
말라죽은 곡식을 잡고 농민이 울고 있었고
수돗물이 안 나와서 많은 사람들이 세수도 못 하고 회사와 학교에 갔어.
심지어 씻는 것은 제쳐 두고 마실 물이 없어서 탈수 증세로
병원에 실려 오기도 했는데 대부분이 어린아이나 노인들이었어.

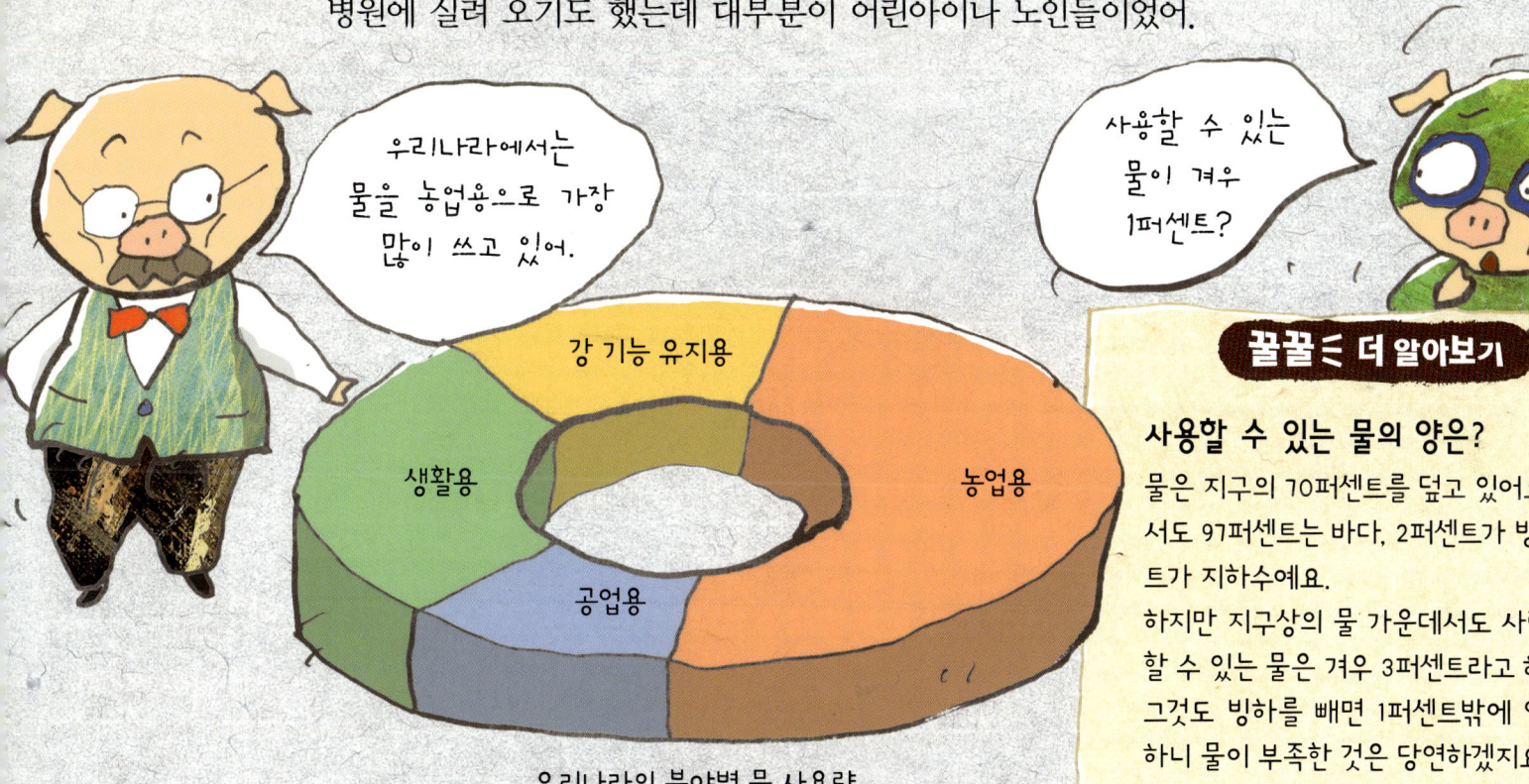

우리나라에서는 물을 농업용으로 가장 많이 쓰고 있어.

사용할 수 있는 물이 겨우 1퍼센트?

우리나라의 분야별 물 사용량

꿀꿀 더 알아보기

사용할 수 있는 물의 양은?

물은 지구의 70퍼센트를 덮고 있어요. 그중에서도 97퍼센트는 바다, 2퍼센트가 빙하, 1퍼센트가 지하수예요.
하지만 지구상의 물 가운데서도 사람이 사용할 수 있는 물은 겨우 3퍼센트라고 해요.
그것도 빙하를 빼면 1퍼센트밖에 안 된다고 하니 물이 부족한 것은 당연하겠지요?
우리나라도 물이 부족해요. 사계절이 뚜렷한 우리나라는 계절마다 비의 양이 차이가 많이 나서 물 관리에 어려움이 많아요.

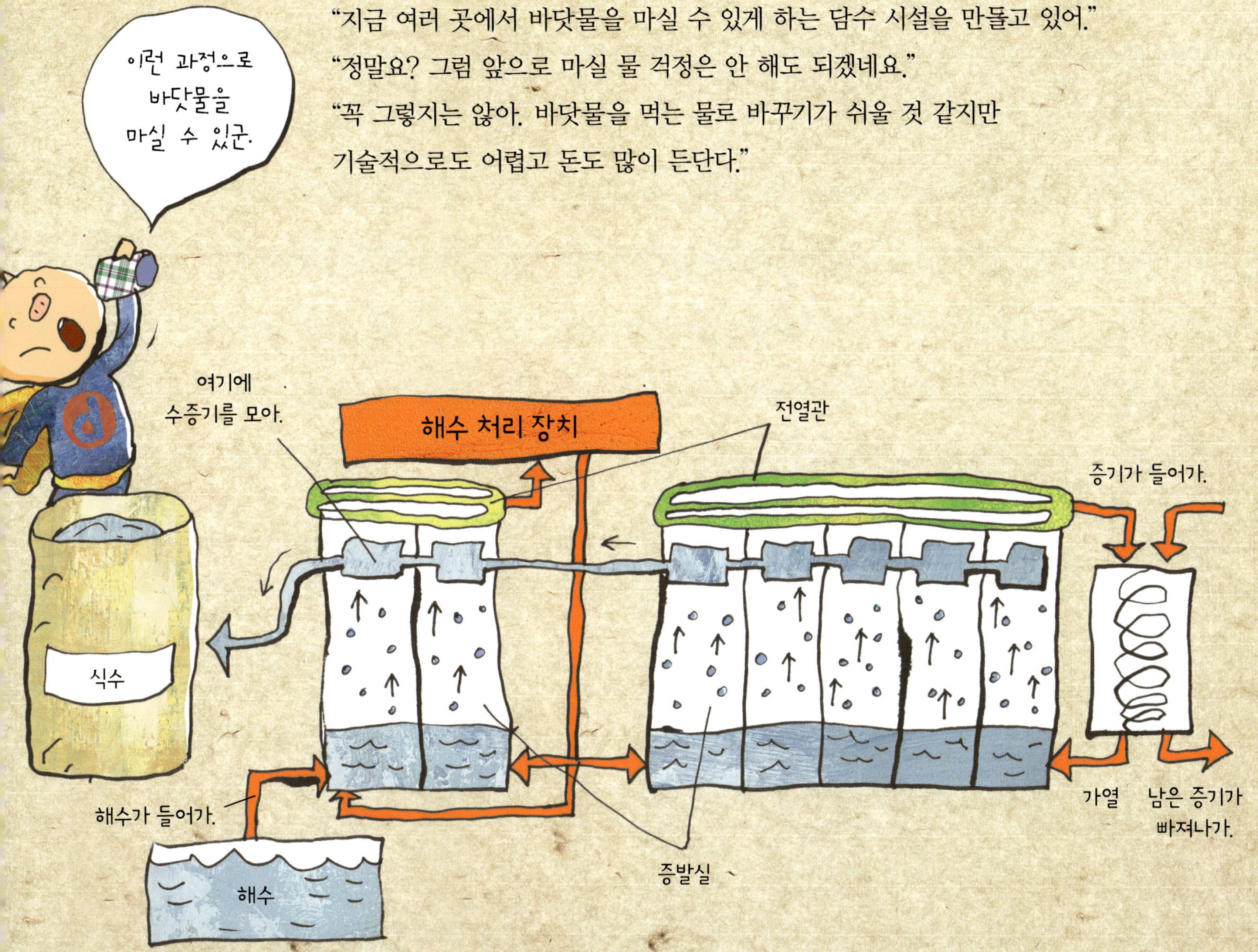

꿀꿀≲ 더 알아보기

다시 깨끗해지는 데 필요한 물의 양은?

음식 찌꺼기로 더러워진 물을 깨끗하게 되살리려면 엄청난 양의 물이 필요해요. 폐식용유 500밀리리터를 버린 물을 깨끗한 물로 만들려면 깨끗한 물 10만 리터가 있어야 해요. 10만 리터는 4톤짜리 급수차로 25대 분량이에요. 어마어마한 양이지요? 또 꾸리가 좋아하는 라면 국물 한 컵에는 7,500리터나 되는 깨끗한 물이 필요해요. 음식 찌꺼기를 남기지 않고 버리지 않는 것이 물을 아껴 쓰는 첫 번째 비결이랍니다.

"얘들아, 과일 먹어라."

"산성비라도 좋으니 비가 오면 좋겠어요."
꾸리가 말했어.
"아이고, 오죽 답답하면 산성비라도 좋다고 할까!"
구들이 아저씨가 한숨을 깊이 내쉬었어.
피그 박사님도 별 도움이 되어 주지 못해 속상했지.
"산성비는 안 좋은 비죠?"
"가랑비나 보슬비는 좋은데 산성비는 싫어요."
도니와 데이지가 차례로 말했어.

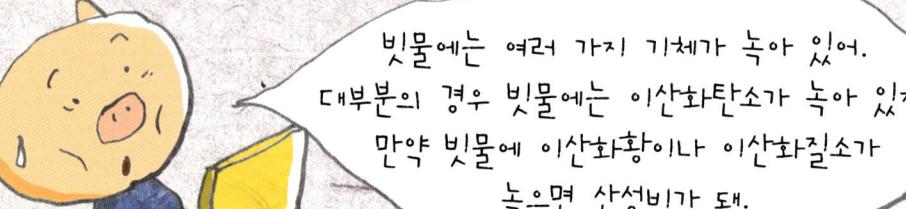

빗물에는 여러 가지 기체가 녹아 있어.
대부분의 경우 빗물에는 이산화탄소가 녹아 있지.
만약 빗물에 이산화황이나 이산화질소가
녹으면 산성비가 돼.

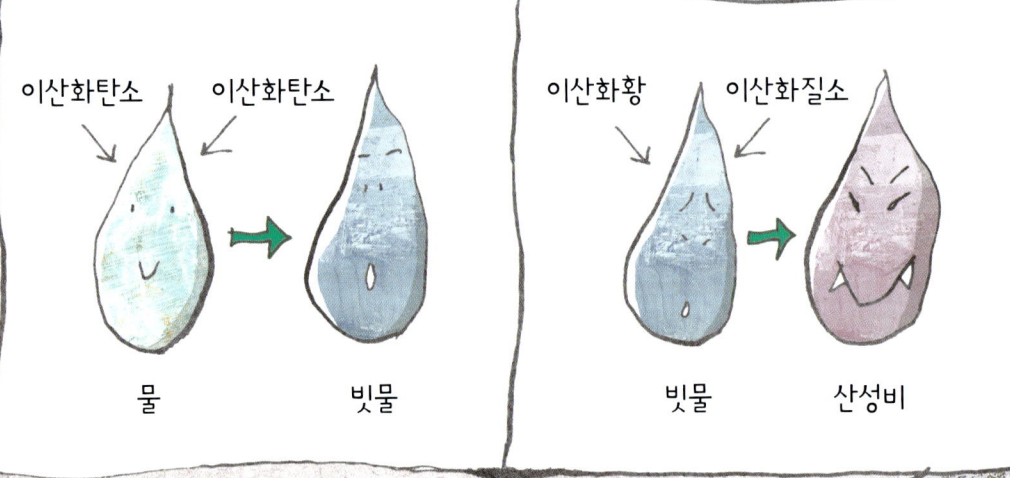

이산화탄소 → 이산화탄소
물 → 빗물

이산화황 → 이산화질소
빗물 → 산성비

꿀꿀< 더 알아보기

반갑지 않은 산성비는 왜 내릴까?

황산이나 질산 같은 산성 물질이 섞여 내리는 비를 산성비라고 해요.
황산이나 질산은 황산화물이나 질소산화물이 공기 중에 있는 수증기나 산소를 만나면 생겨요.
황산화물은 공장 굴뚝에서 나오는 연기에 많이 들어 있고요, 질소산화물은 자동차에서 나오는 가스에 많이 들어 있지요.
공장이 많아지고 자동차를 많이 타고 다니기 때문에 산성비가 많이 내리게 된 거예요.

"박사님은 뭐든 다 만드시는데 왜 정작 필요한 비는 못 만드세요?"
도니가 박사님한테 소리쳤어.
"허허, 우리 도니가 나를 참 부끄럽게 하는구나."
박사님이 멋쩍어하셨어.
"하지만 도니야, 과학자들이 노력하고 있으니 머지않아
인공비를 마음대로 내리게 하지 않겠니?"
"와, 정말요?"
돼지 삼총사가 깜짝 놀라 입을 모아 소리쳤어.

꿀꿀은 더 알아보기

인공비가 뭘까?

인공비란 구름 속에 약품을 뿌려서 강제로 내리게 하는 비를 말해요.
드라이아이스와 아이오딘화은을 구름 속에 넣으면, 뭉치지 못했던
물방울과 얼음 알갱이가 서로 달라붙어 빗방울이 되어 아래로 떨어져요.
하지만 이렇게 인공적으로 만든 비가 과연 도움이 될지는 아직 알 수 없어요.
어쩌면 환경 오염이나 더 심각한 이상 기후를 만들지도 몰라요.
그래서 여전히 많은 사람들이 이 문제를 두고 논쟁을 벌이고 있어요.

"앗! 비가 오려나 봐요."
데이지가 창문을 가리키며 소리쳤어.
정말 멀리서 시커먼 비구름이 몰려오고 있었어.
오랜만에 비를 보니 무척 반가웠지.
돼지 삼총사는 우산 하나를 빌려서 집으로 돌아갔어.
오늘 여행은 참 보람차고 재미있었어.
땅 밑에서 구름 위까지 물의 나라를 여행했잖아.
"물은 우리가 살아가는 데 꼭 필요하고 소중한 것이야."
"맞아, 물을 함부로 쓰면 안 돼."
우산 하나를 셋이 쓰기는 좁았지만
돼지 삼총사는 신 나게 노래를 부르며
숲 속 길을 걸어갔어.

용감한 돼지 삼총사와 떠나는 창의적 융합과학 교과서
돼지학교 과학

돼지학교 시리즈는 초등 과학의 4가지 영역인 생명, 지구와 우주, 물질, 운동과 에너지 분야를 재미있는 이야기를 통해 아이들 스스로 과학적 지식을 익힐 수 있게 구성된 과학 책입니다. 돼지 삼총사와 함께 떠나는 신 나는 과학 여행! 그 속에서 여러 가지 미션을 수행하며 자연스럽게 창의적 문제 해결력을 키울 수 있습니다.

한 권 한 권 읽을 때마다 과학 지식이 차곡차곡!

돼지 삼총사와 떠나는 모험으로 과학적 호기심이 쑥쑥!

흥미로운 이야기로 창의적 문제 해결력이 팍팍!

돼지학교 과학

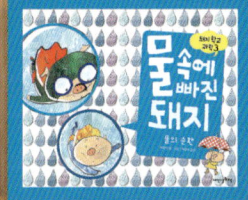

돼지학교 과학 4	돼지학교 과학 5
빛 속으로 날아간 돼지	뇌 속으로 못 들어간 돼지
빛과 소리	뇌

돼지학교 과학 6	돼지학교 과학 7	돼지학교 과학 8	돼지학교 과학 9	돼지학교 과학 10
뼈 속으로 들어간 돼지	달에 간 돼지	빙하로 간 돼지	씨앗 속으로 들어간 돼지	곤충 몸속으로 들어간 돼지
뼈	지구와 달	기후변화	식물	곤충

돼지학교 과학 11	돼지학교 과학 12	돼지학교 과학 13	돼지학교 과학 14	돼지학교 과학 15
자동차 속으로 들어간 돼지	갯벌에 빠진 돼지	미생물을 연구하는 돼지	땅속으로 들어간 돼지	열 받은 돼지
교통과학	갯벌	미생물	지층과 화석	핵과 에너지

돼지학교 과학 16	돼지학교 과학 17	돼지학교 과학 18	돼지학교 과학 19	돼지학교 과학 20
로켓을 탄 돼지	알을 탐험하는 돼지	바다로 들어간 돼지	마법 부리는 돼지	로봇 속으로 들어간 돼지
로켓과 탐사선	알과 껍데기	고래	산과 염기	로봇